J.-F. Mallet

SIMPLISSIME 100 RECETTES

SPÉCIAL WEEK-END

hachette
CUISINE

Pour ce nouvel ouvrage, j'ai réuni 100 recettes pour le week-end idéales pour régaler votre famille ou vos amis. Vous y trouverez des recettes qui demandent plus de temps de cuisson ou de repos que pour des recettes à faire en semaine sans pour autant devoir passer des heures devant les fourneaux. La cuisine du week-end est avant tout conviviale avec des gros plats à partager. Les temps de cuisson longs vous permettront de vaquer à vos loisirs mais surtout de passer des moments agréables à l'apéro avant de passer à table.

J'ai sélectionné avant tout des recettes traditionnelles issues de la gastronomie de nos régions, cette cuisine très appréciée a été un peu oubliée car on s'imagine que ces plats sont fastidieux et difficiles à préparer. J'ai donc adapté les recettes en mode simplissime avec un temps de préparation réduit, sans geste technique, peu de matériel, peu de vaisselle et seulement de 2 à 6 ingrédients faciles à trouver. C'est promis, il y en aura pour tous les goûts : le pâté berrichon, le canard aux navets et aux olives, le lapin à la normande, la garbure, la carbonade flamande, la potée auvergnate, les tripes à la mode de Caen ou bien encore la poule au pot, la bourride de lotte ou le thon à la basquaise... La majorité des recettes sont des plats complets mais je n'ai pas résisté à vous proposer aussi des recettes de terrines et pâtés maison.

Je vous souhaite de très beaux moments en cuisine et surtout à table en famille et entre amis.

MODE D'EMPLOI

Pour ce livre, je pars du principe que vous avez chez vous :

- L'eau courante
- Une cuisinière
- Un réfrigérateur
- Un four
- Un grand plat à four
- Une terrine
- Une cocotte en fonte
- Un couteau (bien aiguisé)
- Une planche à découper
- Une paire de ciseaux
- Une râpe à légumes
- Un dessous de plat
- Un torchon ou une manique pour éviter de se brûler

(Si ce n'est pas le cas c'est peut-être le moment d'investir !)

Quels ingrédients sont indispensables ?

- **Les légumes et les fruits :** Privilégiez-les frais et de saison, mais s'il vous prend une envie de petits pois en plein mois de février, n'hésitez pas à vous rabattre sur la version surgelée. Pour les agrumes, je vous conseille la version bio surtout lorsqu'on utilise les zestes.
- **Les herbes :** Les herbes fraîches n'ont pas leur égal, ce sont elles qu'il faut privilégier ! En cas de grosse panne, vous pouvez toujours utiliser la version surgelée ou séchée (mais c'est moins bon).
- **Les conserves :** J'ai toujours dans mes placards mes conserves fétiches à base de tomates : du concassé de tomates, du concentré de tomates et du coulis de tomates, mais aussi du lait de coco ou des olives. J'utilise aussi dans cet ouvrage des haricots rouges, des flageolets, de la tapenade et des pois chiches.
- **Les épices :** J'ai utilisé des épices de base comme du cumin, du safran, du piment d'Espelette, des baies de genièvre et du ras-el-hanout. Je suis sûr que la majorité d'entre vous les ont déjà dans leurs placards.
- **Les fruits secs :** Pour une touche sucrée, j'ai utilisé des fruits secs dans quelques recettes comme des pistaches, des abricots secs, des dattes ou encore des pruneaux. Ça vous change un plat ou une terrine, je vous assure.
- **Les huiles et sauces :** J'ai utilisé principalement de l'huile d'olive dans les recettes de cet ouvrage. Privilégiez l'huile extra-vierge, c'est la meilleure. Et sinon, pour les cuissons, vous pouvez la remplacer par une huile neutre. J'ai utilisé aussi dans certaines recettes de la sauce soja salée. Je vous recommande la japonaise, type Kikkoman® celle avec le bouchon vert qui est moins salée.

Quels gestes adopter ?

- **Faire réduire:** Faire diminuer le niveau d'un jus ou d'un bouillon sur le feu par évaporation (sans couvrir donc...), en le maintenant à ébullition. Ce procédé permet de concentrer les saveurs et d'obtenir davantage d'onctuosité.

- **Faire mariner :** Mettre à tremper un ingrédient dans une préparation aromatique pour la parfumer ou l'attendrir.
- **Zester un agrume :** Il existe 2 façons de zester un agrume.

Pour les débutants et pour obtenir un zeste très fin, utilisez une râpe à fromage sur l'écorce de l'agrume, en passant une seule fois par zone sans atteindre la peau blanche.

Pour les pros et pour obtenir des zestes qui ressemblent à des vermicelles, utilisez un zesteur ou une râpe « microplane », on en trouve dans toutes les bonnes boutiques d'ustensiles de cuisine.

- **Utiliser les ciseaux :** Pour découper les herbes fraîches sans les abîmer, c'est l'idéal et c'est surtout simplissime.
- **Ne pas oublier que votre four peut accueillir 2 grilles :** Pour les grandes tablées, vous pourrez ainsi enfourner plusieurs plats d'une même recette en même temps pour optimiser le temps de cuisson et leur température au moment de servir. Un conseil pour que les cuissons soient identiques pour les deux plats, intervertissez-les à mi-cuisson.

Quel ustensile choisir ?

- **La cocotte en fonte :** La cuisson dans une cocotte signifie laisser mijoter les ingrédients pour en révéler toutes les saveurs. Je vous conseille d'utiliser une cocotte en fonte de marque française car la fonte est un matériau solide et durable. Vous conserverez probablement votre cocotte toute votre vie (véritable investissement à long terme !). La fonte est aussi une excellente conductrice de chaleur, qui monte progressivement et qui se répartit uniformément. Et enfin, la fonte convient à tous les types de cuisson, pour des plats mijotés au four, c'est l'idéal.
- **Les plats à four :** Vous aurez le choix entre des plats en verre, en inox ou en céramique émaillée. Je vous laisse choisir, pour ma part, je privilégie la lèchefrite du four. C'est encore plus simplissime !
- **Le mixeur plongeant :** Aussi appelé mixeur girafe, il s'utilise pour mixer des préparations liquides (soupes, smoothies, milk-shakes...). Très pratique, peu cher, peu encombrant et en plus avec lui peu de vaisselle car il s'utilise directement dans la préparation à mixer sans avoir à la transvaser dans un bol.
- **Le robot :** Plus cher et plus encombrant que le mixeur plongeant mais plus de velouté et d'onctuosité ... et plus de vaisselle car il faut transvaser le liquide à mixer dans le bol.

Quel thermostat ?

90 °C : th. 3	150 °C : th. 5	210 °C : th. 7	270 °C : th. 9
120 °C : th. 4	180 °C : th. 6	240 °C : th. 8	300 °C : th. 10

C'est tout.
Pour le reste, il n'y a plus qu'à suivre la recette !

FOIE GRAS TRADITIONNEL

Foie gras cru
1 lobe (déveiné)

Cognac
2 cuil. à soupe

Fleur de sel, poivre

Préparation : 5 min
Marinade : 1 h
Cuisson : 25 min
Repos : 12 h

- Préchauffez le four à 180°C.
- Découpez le **foie gras** en 2, ajoutez le **Cognac**, salez, poivrez et laissez mariner 1 h à température ambiante.
- Déposez le **foie gras** mariné dans une terrine, tassez bien et enfournez au bain-marie 25 min.
- Réservez 12 h au frais et dégustez avec 1 tour de moulin à **poivre** et de la **fleur de sel**.

PÂTÉ DE CANARD AUX PRUNEAUX

Magret de canard
x 1

Chair à saucisse
300 g

Cognac
5 cl

Pruneaux
x 8 (dénoyautés)

Crépine
40 g

Œuf
x 1

Sel, poivre

: 4 à 6

Préparation : 15 min
Marinade : 20 min
Cuisson : 45 min
Réfrigération : 12 h

- Faites macérer 20 min les **pruneaux** en morceaux avec le **Cognac**. Découpez le **magret** entier en petits morceaux. Malaxez tous les **ingrédients** sauf la **crépine**. Salez, poivrez.
- Déposez la **crépine** au fond de la terrine, ajoutez la farce, tassez puis rabattez la **crépine**. Enfournez 45 min avec 1 bouquet garni (facultatif).
- Laissez reposer 12 h au frais et dégustez.

TERRINE DE CANARD À LA PISTACHE

Pistaches mondées
60 g

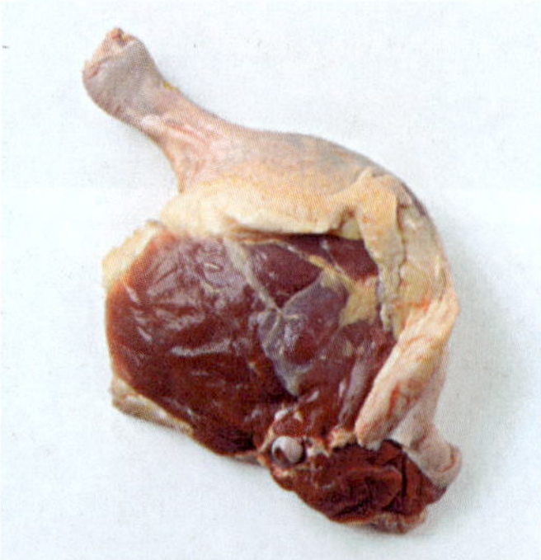

Cuisses de canard
x 3 (800 g)

Chair à saucisse
200 g

Œufs
x 2

Cognac
4 cuil. à soupe

Sel (4 g)
Poivre (2 g)

Préparation : 15 min
Cuisson : 1 h 15
Repos : 24 h

- Préchauffez le four à 170°C. Concassez les **pistaches**. Désossez et hachez les **cuisses de canard** dans un robot puis mélangez-les avec les autres **ingrédients** dans un saladier en malaxant.
- Tassez et enfournez 1 h 15 au bain-marie.
- Laissez reposer au réfrigérateur 24 h avant de déguster.

TERRINE DE FOIES DE VOLAILLE

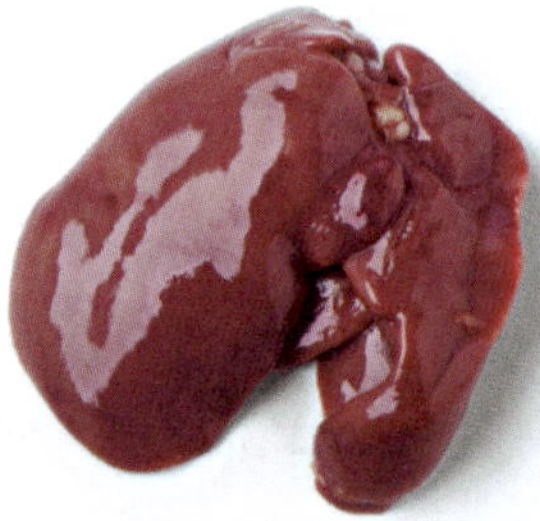

Foies de volaille
500 g

Chair à saucisse
400 g

Œufs
x 2

Thym séché
1 cuil. à café

Sel (4 g)

Poivre (2 g)

Préparation : 15 min
Cuisson : 45 min
Repos : 12 h

• Préchauffez le four à 170 °C. Découpez la moitié des **foies de volaille** en morceaux, hachez l'autre moitié dans un robot. Malaxez tous les **ingrédients** dans un saladier.

• Versez dans une terrine, tassez et faites cuire 45 min au bain-marie.

• Laissez reposer 12 h au réfrigérateur et dégustez en tranches épaisses.

LE VRAI JAMBON PERSILLÉ

Palette
x 1,5 kg (demi-sel)

Persil plat
2 bottes

Gélatine
9 feuilles

Vin blanc sec
½ bouteille (37,5 cl)

Ail
4 gousses

Poivre

: 4 à 6

Préparation : 15 min
Cuisson : 2 h
Dessalage : 12 h
Repos : 12 h

- Faites dessaler la **palette** 12 h dans de l'eau. Faites-la cuire 2 h à couvert avec le **vin** et 50 cl d'eau.
- Hachez l'**ail** et le **persil**. Faites ramollir la **gélatine** dans un bol d'eau froide puis diluez-la dans 50 cl de **bouillon** de cuisson tiède. Mélangez le **bouillon**, la **palette** en cubes et la persillade. Versez dans une terrine tapissée de papier film.
- Réservez 12 h au frais et dégustez.

TERRINE DE POULET À L'ESTRAGON

Blancs de poulet
400 g

Estragon séché
1 cuil. à soupe

Œufs
x 2

Estragon
1 botte

Crème liquide
20 cl

Sel, poivre

Préparation : 10 min
Cuisson : 40 min
Repos : 4 h

• Préchauffez le four à 180 °C.

• Mixez les **blancs de poulet** et malaxez l'ensemble des **ingrédients**. Salez, poivrez. Déposez le mélange dans une terrine.

• Enfournez 40 min. Laissez tiédir et laissez reposer au frais 4 h.

TERRINE DE LAPIN À LA MOUTARDE

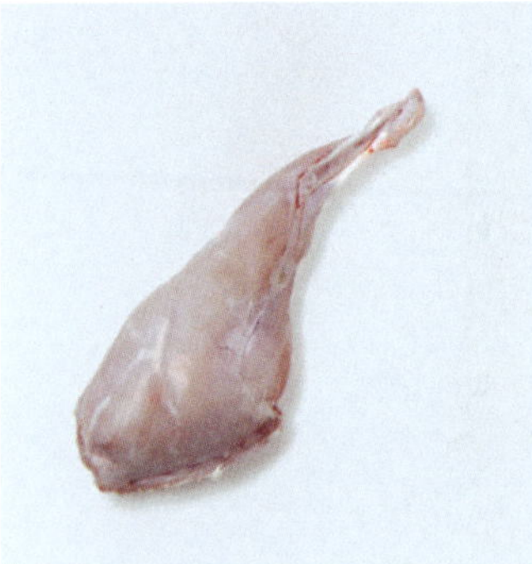

Cuisses de lapin
x 4

Moutarde en grains
4 cuil. à soupe

Gélatine
8 feuilles

Bouillon de volaille
1 tablette

Persil plat
1 botte

Préparation : 10 min
Cuisson : 1h
Repos : 12 h

- Faites cuire 1 h les **cuisses de lapin** avec la tablette de **bouillon** dans 80 cl d'eau. Effilochez la chair du lapin et mélangez-la avec la **moutarde** et le **persil haché**.
- Faites ramollir la **gélatine** dans l'eau froide puis diluez-la dans le bouillon tiède. Versez la chair et le bouillon dans une terrine tapissée de papier film. Réservez 12 h au frais.

PÂTÉ EN CROÛTE AU POULET

Pâte brisée
x 1

Citron confit
x 1

Blancs de poulet
x 2

Merguez
x 6

Œuf
x 1

Sel, poivre

Préparation : 10 min
Cuisson : 1h
Repos : 12 h

- Préchauffez le four à 180°C.
- Retirez la peau des **merguez**. Coupez le **poulet** et le **citron confit** en morceaux.
- Malaxez l'ensemble des **ingrédients** (sauf la pâte). Salez, poivrez. Déroulez la **pâte** avec le papier cuisson dans un moule à cake. Ajoutez la farce, tassez et rabattez les bords pour fermer le pâté.
- Enfournez 1 h et placez 12 h au frais.

PÂTÉ EN CROÛTE OLIVES-CITRON

Chair à saucisse
500 g

Œufs
x 2

Olives dénoyautées
200 g (noires et vertes)

Crème liquide
10 cl

Citrons confits
x 2

Pâte feuilletée
x 1

Sel, poivre

Préparation : 5 min
Cuisson : 35 min
Repos : 12 h

- Préchauffez le four à 180 °C.
- Coupez l'écorce des **citrons confits** et les **olives** en petits morceaux. Malaxez avec l'ensemble des **ingrédients**. Salez, poivrez.
- Posez la préparation au centre de la **pâte**. Roulez en serrant bien. Rabattez les bords en dessous et posez sur une plaque recouverte de papier cuisson. Enfournez 35 min et placez 12 h au frais.

PÂTÉ BERRICHON

Chair de veau
400 g

Pâtes brisées
x 2

Chair à saucisse
200 g

Œufs
x 5

Persil plat
1 botte

Ail
4 gousses

Sel, poivre

: 4 à 6

Préparation : 15 min
Cuisson : 1 h 10
Repos : 12 h

- Préchauffez le four à 180°C.
- Ébouillantez les **œufs** 10 min et épluchez-les.
- Hachez l'**ail** et le **persil** et mélangez-les avec la **viande**. Salez, poivrez. Superposez les 2 **pâtes** et répartissez la moitié de la farce au centre, ajoutez les **œufs** durs puis le reste de la farce. Rabattez les bords et les côtés en serrant.
- Enfournez 1 h. Laissez reposer 12 h et dégustez.

PÂTÉ LORRAIN

Échine de porc
300 g

Persil plat
1 botte

Noix de veau
300 g

Pâte feuilletée
x 1

Échalotes
x 2

Vin blanc
10 cl

Sel, poivre

Préparation : 15 min
Marinade : 12 h
Cuisson : 1h
Réfrigération : 4 h

- Faites mariner 12 h les **viandes** en petits cubes avec le **vin blanc** et les **échalotes** émincées.
- Préchauffez le four à 180°C.
- Égouttez les **viandes** et les **échalotes** et mélangez-les avec le **persil** haché, salez, poivrez.
- Placez la farce au centre de la **pâte**, rabattez les bords et serrez. Faites 2 cheminées et enfournez 1 h.
- Laissez reposer 4 h et dégustez.

TOURTE AU CANARD ET DATTES

Dattes
x 10

Chair à saucisse
50 g

Cognac
5 cl

Bloc de foie gras cuit
100 g

Cuisses de canard confit
x 4

Pâte feuilletée
x 2

Sel, poivre

Préparation : 15 min
Cuisson : 50 min

- Préchauffez le four à 180°C. Coupez les **datt** en morceaux. Mélangez-les avec la **chair à saucisse**, le **Cognac**, le **foie gras** en cubes et les **cuisses de canard** désossées et haché
- Étalez une **pâte feuilletée**, disposez la farce au centre, recouvrez de la 2e **pâte feuilletée** fixez-les en écrasant les bords. Enfournez 50 m
- Dégustez chaud avec une salade.

SOUPE PAYSANNE GRATINÉE

Carottes
x 3

Pommes de terre
x 2 (moyennes)

Poireau
x 1

Baguette
x ¼

Lardons
100 g

Fromage râpé
50 g

Sel, poivre

Préparation : 15 min
Cuisson : 55 min

- Lavez et émincez les **légumes**, mettez-les à cuire à feu doux 45 min à partir de l'ébullition avec les **lardons** et 1,5 l d'eau dans une cocotte.
- Préchauffez le four position gril.
- Versez la soupe dans une soupière, ajoutez la **baguette** en tranches et le **fromage râpé**.
- Salez, poivrez et faites gratiner 10 min au four.

SOUPE AU PISTOU

Haricots blancs secs
200 g (tarbais)

Légumes variés
(2 courgettes, 4 tomates, 2 carottes)

Coquillettes
70 g

Huile d'olive
4 cuil. à soupe

Basilic
2 bottes

Ail
4 gousses

Sel, poivre

Préparation : 15 min
Trempage : 10 h
Cuisson : 1 h 30

- La veille, mettez les **haricots secs** à tremper.
- Faites cuire dans une cocotte 1 h 15 à feu doux, les **haricots**, les **courgettes** et les **carottes** en cubes avec 2,5 l d'eau. Ajoutez les **coquillettes** et faites cuire 15 min de plus.
- Mixez les **tomates** avec l'**ail**, l'**huile d'olive** et le **basilic**. Ajoutez le pistou dans la soupe, salez, poivrez et dégustez.

CRÈME DE POTIRON GRATINÉE

Potiron
1,2 kg

Crème liquide
25 cl

Croûtons
x 10

Fromage râpé
100 g

Sel, poivre

Préparation : 10 min
Cuisson : 50 min

- Préchauffez le four à 180°C.
- Faites cuire 25 min la chair du **potiron** coupée en gros morceaux dans une cocotte avec 1,2 l d'eau.
- Ajoutez la **crème**, laissez cuire 10 min, salez, poivrez et mixez avec un robot plongeant dans la cocotte. Disposez les **croûtons** et le **fromage râpé** sur le dessus.
- Faites gratiner 15 min et dégustez.

GARBURE

Légumes variés
(2 carottes, 1 poireau, 4 navets, 1 oignon, 4 pommes de terre)

Haricots blancs secs
150 g (tarbais)

Cuisses de canard confit
x 4

Talon de jambon
x 1 (200 g)

Chou vert frisé
x ½

Sel, poivre

: 4 à 5

Préparation : 15 min
Trempage : 10 h
Cuisson : 2 h

• La veille, faites tremper les **haricots secs**.

• Faites mijoter 1 h 30 à feu doux dans une cocotte avec 3 l d'eau, les **haricots**, les **légumes** épluchés, lavés et découpés en morceaux et le **talon de jambon** coupé en cubes.

• Ajoutez les **cuisses de canard** dans la cocotte, laissez mijoter 30 min de plus, salez, poivrez et dégustez.

ROSBIF AUX HERBES DE PROVENCE

Rôti de bœuf
x 1 (1 kg environ)

Pommes de terre
800 g (grenaille)

Herbes de Provence
3 cuil. à soupe

Ail
11 gousses

Huile d'olive
8 cuil. à soupe

Sel, poivre

: 4 à 5

Préparation : 10 min
Cuisson : 25 min
Repos : 5 min

- Préchauffez le four à 220°C.
- Répartissez le **rôti de bœuf**, les **pommes de terre** découpées en 4 et les gousses d'**ail** avec la peau dans un plat à four. Mélangez les **herbes de Provence** et 8 cuil. à soupe d'**huile** et versez-la sur le **rôti** et les **pommes de terre**. Salez, poivrez. Enfournez 25 min.
- Laissez reposer 5 min et dégustez.

LE VRAI CHILI MIJOTÉ

Bœuf à braiser
800 g

Cumin en poudre
2 cuil. à soupe

Haricots rouges
1 grosse boîte (800 g)

Purée de piments
1 cuil. à café

Coulis de tomates
50 cl

Sel, poivre

1 cuil. à soupe d'huile neutre

Préparation : 5 min
Cuisson : 3 h 30

• Faites saisir les morceaux de **bœuf** avec 1 cuil. à soupe d'**huile** dans une cocotte puis ajoutez le **cumin**, le **coulis de tomates**, la **purée de piments** et 80 cl d'eau. Laissez cuire 3 h à feu très doux et à couvert en remuant de temps en temps.

• Ajoutez les **haricots rouges** égouttés, mélangez et faites cuire 30 min de plus sans couvrir.

BŒUF À LA FICELLE

Filet de bœuf
1 kg (en rôti)

Bouquets garnis
x 2

Carottes
x 4

Bouillon de bœuf
2,5 l

Navets
x 4

Poireaux
x 2

Sel, poivre

: 4 à 6

Préparation : 10 min
Cuisson : 1 h 15

- Faites cuire 1 h à feu doux dans une cocotte avec le **bouillon** et les **bouquets garnis**, les **légumes** lavés et épluchés.
- Accrochez le **rôti** avec une ficelle et plongez-le 15 min dans le **bouillon** en ébullition.
- Coupez la **viande** en tranches épaisses et dégustez avec le **bouillon** et les **légumes**.

ALOUETTES SANS TÊTE

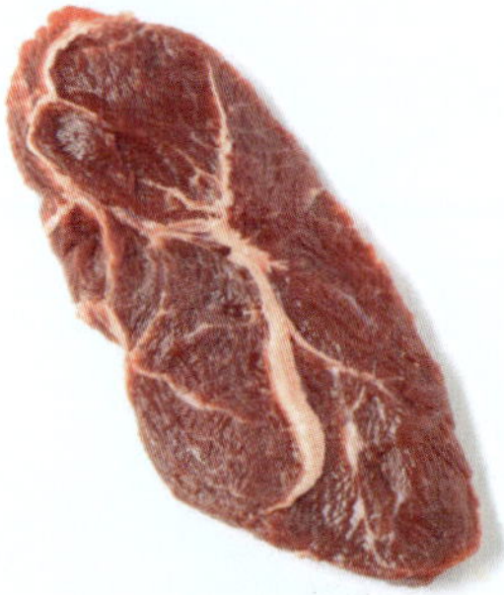

Tranches de paleron
x 4 (aplaties, 700 g)

Chair à saucisse
200 g

Vin rouge
1 bouteille (75 cl)

Concentré de tomates
1 petite boîte (70 g)

Ail
4 gousses

Persil plat
1 botte

Sel, poivre

2 cuil. à soupe d'huile neutre

Préparation : 15 min
Cuisson : 2 h 05

• Mixez l'**ail** et le **persil** et mélangez-les avec la **chair à saucisse**. Répartissez la farce sur les tranches de **paleron**, roulez-les et ficelez-les.

• Faites colorer les rouleaux 5 min avec 2 cuil. à soupe d'**huile**, ajoutez le **concentré de tomates**, le **vin rouge** et laissez mijoter 2 h à feu doux à découvert.

• Salez, poivrez et dégustez.

POT-AU-FEU

Viande à pot-au-feu
2 kg

Carottes
x 4

Poireaux
x 2

Pommes de terre
x 4 (grosses)

Navets
x 4

Os à moelle
x 4

Sel, poivre

: 4 à 6

Préparation : 10 min
Cuisson : 2 h 30

- Mettez la **viande** et la **moelle** dans une grande cocotte, versez de l'eau 10 cm au-dessus de la hauteur et faites cuire 1 h 30 à feu très doux et à couvert en écumant de temps en temps.
- Ajoutez tous les **légumes** entiers, lavés et épluchés et laissez cuire 1 h 30 de plus à feu très doux. Salez, poivrez. Dégustez le bouillon puis les **légumes** et la **viande**.

CARBONADE FLAMANDE

Bœuf à braiser
1,2 kg (en cubes)

Oignons doux
x 2

Bière brune
1l

Pain d'épice
5 tranches

Lardons
250 g

Sel, poivre

1 cuil. à soupe d'huile neutre

: 4 à 6

Préparation : 10 min
Cuisson : 2 h

- Faites saisir les morceaux de **viande** avec 1 cuil. à soupe d'**huile** dans une cocotte.
- Ajoutez les **oignons** épluchés et émincés, les **lardons**, la **bière** et le **pain d'épice** coupé en morceaux. Salez, poivrez.
- Laissez mijoter 2 h à feu doux et à couvert puis dégustez.

JOUES DE BŒUF À LA CITRONNELLE

Pois gourmands
200 g

Joues de bœuf
x 2

Asperges vertes
1 botte

Citronnelle
4 tiges

Brocoli
250 g

Sel, poivre

Préparation : 5 min
Cuisson : 2 h

- Mettez les **joues de bœuf** à cuire 1 h 45 à feu doux à couvert avec 2 l d'eau et la **citronnelle** en tronçons dans une cocotte.
- Ajoutez le **brocoli** en morceaux, les **asperges** coupées en 2 et les **pois gourmands**. Salez, poivrez et laissez cuire 10 à 15 min.

BŒUF BOURGUIGNON

Bœuf à braiser
1,2 kg (en cubes)

Oignon doux
x 1 (gros)

Farine
1 cuil. à soupe

Vin rouge
1 bouteille (75 cl)

Lardons
200 g

Champignons de Paris
250 g

Sel, poivre

4 cuil. à soupe d'huile d'olive

: 4 à 6

Préparation : 10 min
Cuisson : 2 h35

- Chauffez 4 cuil. à soupe d'**huile d'olive** dans une cocotte en fonte. Colorez le **bœuf** sur toutes les faces, ajoutez l'**oignon** émincé et la **farine**.
- Faites cuire 5 min, puis versez le **vin rouge** et 30 cl d'eau. Laissez mijoter 2 h à couvert et à feu très doux. Ajoutez les **lardons** et les **champignons** lavés et coupés. Faites cuire 30 min de plus, salez et poivrez puis dégustez.

BŒUF AUX CAROTTES

Carottes
1 kg

Oignons doux
x 2

Paleron
1,2 kg

Thym
4 brins

Laurier
3 feuilles

Sel, poivre

4 cuil. à soupe d'huile d'olive

: 4 à 6

Préparation : 10 min
Cuisson : 2 h

- Épluchez et taillez les **carottes** en rondelles épaisses. Épluchez et émincez les **oignons**.
- Chauffez 4 cuil. à soupe d'**huile d'olive** dans une cocotte, colorez le **bœuf** dans l'huile fumante, ajoutez les **oignons émincés**, les **carottes**, le **thym** et le **laurier**.
- Salez, poivrez, mouillez avec de l'eau à hauteur et laissez mijoter 2 h à couvert, à feu très doux.

AGNEAU AUX POMMES DE TERRE

Pommes de terre
x 2 (grosses)

Oignons doux
x 2

Tomates
x 3

Épigrammes
x 2 (600 g)

thym séché
2 cuil. à café

Vin blanc
1 verre (15 cl)

Sel, poivre

Préparation : 10 min
Cuisson : 2 h

• Préchauffez le four à 170°C. Épluchez et coupez les **pommes de terre** et les **oignons** en tranches fines. Taillez les **tomates** en rondelles et les **épigrammes** en 4.

• Mélangez tous les **ingrédients** dans un grand plat à four, salez, poivrez, ajoutez le **vin blanc** et 30 cl d'eau puis enfournez 2 h. Posez le plat sur la table et dégustez avec une salade.

SOURIS D'AGNEAU AU MIEL

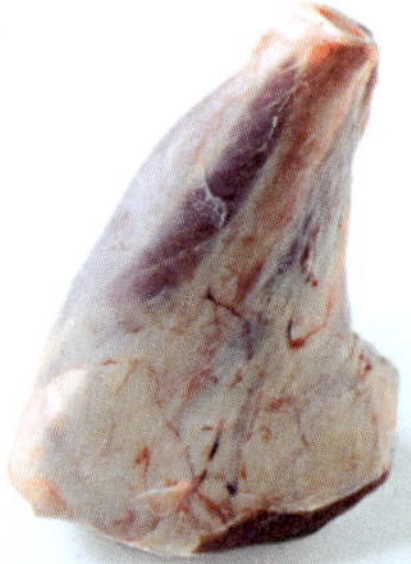

Souris d'agneau
x 4

Sauce soja
8 cuil. à soupe

Abricots secs
x 10

Miel liquide
6 cuil. à soupe

Thym
4 brins

Sel, poivre

Préparation : 5 min
Cuisson : 1 h 15

- Mettez tous les **ingrédients** dans une cocotte en fonte avec 50 cl d'eau. Portez à ébullition puis baissez le feu. Laissez cuire 1 h 15 à couvert et à feu doux, en arrosant de temps en temps.
- Salez, poivrez et dégustez avec une purée de pommes de terre.

GIGOT DE 7 HEURES

Gigot d'agneau
x 1

Ail
10 gousses

Vin liquoreux
½ bouteille (37,5 cl)

Bouillon de volaille
80 cl

Romarin
3 brins

Porto rouge
½ bouteille (37,5 cl)

Sel, poivre

: 5 à 6

Préparation : 10 min
Cuisson : 7 h

- Placez le **gigot** dans une grande cocotte en fonte, ajoutez les gousses d'**ail** écrasées, le **vin**, le **porto**, le **bouillon** et le **romarin**.
- Couvrez et enfournez 7 h à 160 °C en arrosant de temps en temps. Ajoutez de l'eau si la sauce réduit trop. Salez et poivrez. Servez le **gigot** à la cuillère accompagné de semoule.

AGNEAU CONFIT AUX AGRUMES

Pamplemousse rose
x 1 (bio)

Souris d'agneau
x 4

Bouquets garnis
x 3

Vin liquoreux
1 bouteille (75 cl)

Oranges
x 2 (bio)

Sel, poivre

Préparation : 5 min
Cuisson : 4 h

- Préchauffez le four à 180°C.
- Mettez les **souris d'agneau** dans une cocotte, ajoutez le **vin**, les **bouquets garnis**, les zestes et le jus des **oranges** et du **pamplemousse**.
- Enfournez 4 h à couvert. Salez, poivrez et servez directement dans la cocotte.

GIGOT DE 4 HEURES FAÇON TAJINE

Graines de cumin
1 cuil. à soupe

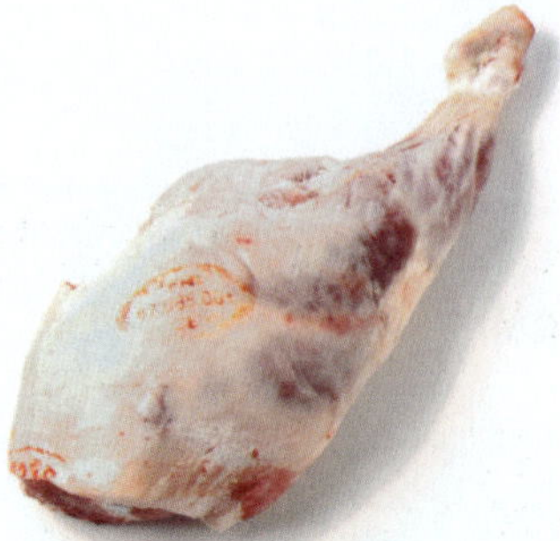

Gigot d'agneau
x 1 (raccourci)

Bouillon de volaille
1 l

Citrons confits
x 4

Olives vertes
1 bocal (330 g, dénoyautées)

Miel liquide
6 cuil. à soupe

: 6

Préparation : 5 min
Cuisson : 4 h

- Préchauffez le four à 170 °C.
- Placez le **gigot** dans une cocotte, ajoutez les **citrons confits** coupés en 4, les **olives**, le **bouillon** et le **cumin**. Couvrez et enfournez 4 h.
- Quand le **gigot** est cuit, nappez-le avec le **miel** préalablement porté à ébullition dans une casserole. Dégustez immédiatement.

POT-AU-FEU DE GIGOT AU SAFRAN

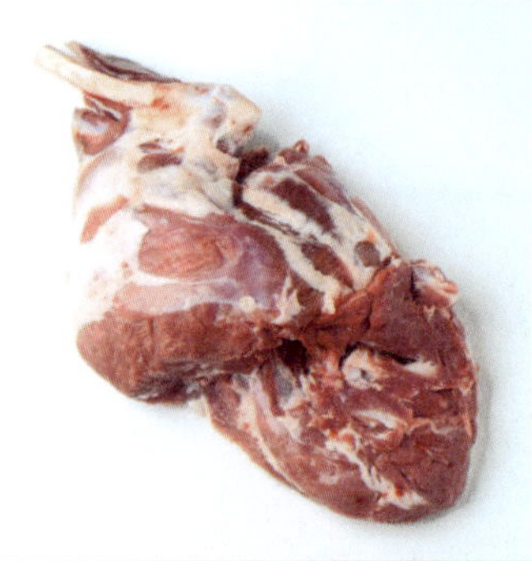

Gigot d'agneau
x 1 (désossé)

Bouquets garnis
x 2

Navets
x 4

Safran
15 pistils (ou 2 dosettes)

Carottes
x 4

Gros sel gris
1 cuil. à soupe

Poivre

: 4 à 5

Préparation : 5 min
Cuisson : 2 h 30

- Coupez le **gigot** en 6 gros morceaux et mettez-les à cuire avec les **légumes** épluchés, les **bouquets garnis**, 2 l d'eau, le **safran** et le **gros sel** dans une cocotte. Poivrez.
- Laissez cuire 2 h 30 à feu très doux à couvert.

GIGOT AU THYM ET FLAGEOLETS

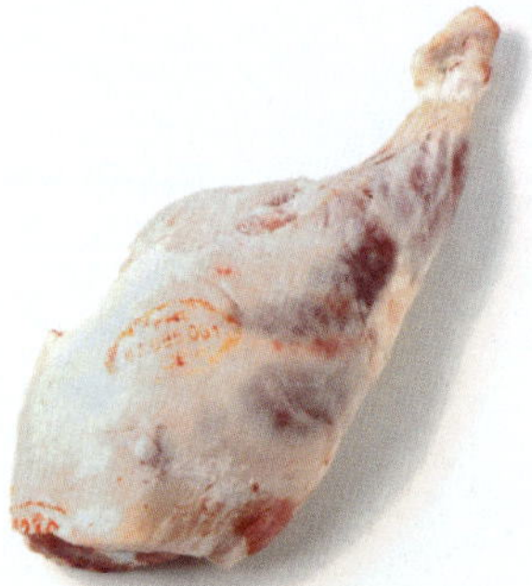

Gigot d'agneau
x 1 (raccourci, 2 kg)

Flageolets
900 g (en bocal)

Thym séché
2 cuil. à soupe

Moutarde forte
2 cuil. à soupe

Crème liquide
25 cl

Œuf
x 1 (le jaune uniquement)

Sel, poivre

: 6 à 8

Préparation : 10 min
Cuisson : 50 min

- Préchauffez le four à 180°C.
- Salez, poivrez et enfournez 25 min le **gigot**.
- Mélangez la **moutarde**, les ¾ du **thym** et le **jaune d'œuf**. Badigeonnez-en le **gigot** et faites cuire 25 min de plus en l'arrosant avec le jus de cuisson. Réchauffez les **flageolets** avec la **crème**, le jus de cuisson et le reste du **thym**.
- Salez, poivrez et dégustez avec le **gigot**.

NAVARIN D'AGNEAU AUX LÉGUMES

Sauté d'agneau
1,2 kg (épaule ou gigot)

Thym
4 brins

Petits pois
200 g (frais ou surgelés)

Concassé de tomates
1 grosse boîte (800 g)

Pois gourmands
200 g

Sel, poivre

4 cuil. à soupe d'huile d'olive

Préparation : 5 min
Cuisson : 1 h 25

• Faites saisir les morceaux de **viande** dans une cocotte avec 4 cuil. à soupe d'**huile d'olive**.

• Ajoutez le **thym** et le **concassé de tomates**, salez, poivrez, baissez le feu et laissez mijoter 1 h à feu doux à couvert.

• Ajoutez les **petits pois** et les **pois gourmands**. Laissez cuire 20 min de plus et dégustez.

HARICOTS DE MOUTON

Collier et épaule
1,5 kg (mouton ou agneau)

Haricots blancs secs
250 g

Bouquets garnis
x 3

Tomates
x 6

Ail
1 tête

Bouillon de volaille
1,5 l

Sel, poivre

2 cuil. à soupe d'huile neutre

: 4 à 6

Préparation : 10 min
Trempage : 12 h
Cuisson : 2 h 05

- La veille, faites tremper les **haricots secs**.
- Faites colorer les morceaux d'**agneau** dans une cocotte avec 2 cuil. à soupe d'**huile**.
- Ajoutez l'**ail** coupé en 2, les **bouquets garnis**, les **tomates** coupées en cubes, les **haricots** et le **bouillon**.
- Faites cuire 2 h à feu doux et à couvert. Salez, poivrez et dégustez.

POULET COCO CITRONNELLE

Cuisses de poulet
x 4

Tomates
x 4

Citrons confits
x 2

Citronnelle
2 tiges

Basilic
20 feuilles

Lait de coco
80 cl

Sel, poivre

Préparation : 15 min
Cuisson : 1 h

• Préchauffez le four à 170°C. Posez 4 **cuisses de poulet** coupées en 2 dans un grand plat, ajoutez les **tomates** et les **citrons confits** en morceaux, la **citronnelle** émincée, le **basilic** et le **lait de coco**.

• Salez, poivrez et enfournez 1 h en arrosant de temps en temps. Lorsque le **poulet** est bien cuit, servez dans le plat et dégustez avec du riz.

POULET FAÇON COQ AU VIN AUX PRUNEAUX

Cuisses de poulet
x 4 (coupées en 2)

Lardons
300 g

Farine
1 cuil. à soupe

Vin rouge
1 bouteille (75 cl)

Pruneaux
x 10

Sel, poivre

3 cuil. à soupe d'huile neutre

Préparation : 15 min
Cuisson : 1 h 35

- Chauffez 3 cuil. à soupe d'**huile** à feu vif dans une cocotte. Faites colorer le **poulet**, ajoutez les **lardons** et la **farine**.
- Versez le **vin rouge**, baissez le feu et laissez mijoter 1 h 30 à feu doux en remuant de temps en temps.
- Ajoutez les **pruneaux**, rectifiez l'assaisonnement et servez directement dans la cocotte.

POULET BASQUAISE

Poulet
x 1 (en morceaux)

Poivrons
x 6 (multicolores)

Ail
6 gousses

Piment d'Espelette
2 cuil. à soupe

Bouquets garnis
x 3

Sel, poivre

4 cuil. à soupe d'huile d'olive

Préparation : 15 min
Cuisson : 1h

- Préchauffez le four à 180°C.
- Faites saisir les **poivrons** émincés 20 min avec 4 cuil. à soupe d'**huile d'olive** dans une poêle.
- Placez les morceaux de **poulet** dans un plat à four. Ajoutez les gousses d'**ail** entières, les **bouquets garnis** et les **poivrons**. Saupoudrez de **piment d'Espelette** et enfournez 40 min.
- Salez, poivrez et dégustez.

POULET RÔTI AU PAIN

Poulet fermier
x 1

Pain de campagne
4 tranches (épaisses)

Ail
8 gousses

Échalotes
x 4

Bouquets garnis
x 3

Sel, poivre

1 filet d'huile d'olive

Préparation : 5 min
Cuisson : 1h

- Préchauffez le four à 170°C.
- Posez le **poulet** sur les tranches de **pain** dans un grand plat à four. Ajoutez les gousses **d'ail**, les **échalotes** et les **bouquets garnis**. Arrosez d'1 filet d'**huile d'olive**, salez, poivrez et enfournez 1h.
- Dégustez le **poulet** avec les tranches de **pain** imbibées de jus de cuisson.

PAËLLA AU POULET

Riz à paëlla
400 g

Moules
x 30 (nettoyées)

Poivron rouge
x 1

Chorizo
x ½

Cuisses de poulet
x 2 (coupées en 2)

Safran
2 dosettes (en poudre)

Poivre

Préparation : 5 min
Cuisson : 45 min

- Préchauffez le four à 180°C.
- Mettez le **riz**, les **cuisses de poulet**, le **poivron** en lamelles, le **chorizo** en tranches, 1 l d'eau et le **safran** dans un grand plat à four. Poivrez et mélangez.
- Enfournez 35 min. Ajoutez les **moules**, mélangez et faites cuire 10 min de plus. Dégustez immédiatement.

POULET À LA TOULOUSAINE

Poulet fermier
x 1

Saucisse de Toulouse
400 g

Persil plat
1 botte

Olives vertes
100 g (dénoyautées)

Pain
6 tranches

Ail
5 gousses

Sel, poivre

: 4 à 6

Préparation : 15 min
Cuisson : 1h

- Préchauffez le four à 180°C.
- Salez, poivrez le **poulet**. Enfournez-le 15 min.
- Retirez la peau de la **saucisse**, mélangez la chair avec le **persil** coupé aux ciseaux, l'**ail** haché et les **olives**. Sortez le **poulet** du four et farcissez-le avec les ¾ de la farce. Répartissez le reste sur les tranches de **pain** et enfournez 45 min de plus en l'arrosant régulièrement.

POULET AUX MORILLES

Poulet
x 1 (en morceaux)

Crème liquide
50 cl

Vin jaune
½ bouteille (37,5 cl)

Morilles
350 g (fraîches)

Beurre
50 g

Sel, poivre

: 4 à 5

Préparation : 5 min
Cuisson : 1h

• Faites saisir les morceaux de **poulet** avec le **beurre** dans une cocotte. Versez le **vin jaune**, laissez réduire 10 min et ajoutez la **crème**. Laissez cuire 40 min à feu doux.

• Ajoutez les **morilles**, salez, poivrez, mélangez, laissez cuire 10 min de plus et dégustez.

POULE AU RIZ

Poule
x 1

Légumes variés
(4 carottes, 2 poireaux, 2 bouquets garnis)

Riz
300 g

Farine
2 cuil. à soupe

Beurre
60 g

Crème liquide
25 cl

Sel, poivre

: 4 à 6

Préparation : 15 min
Cuisson : 2 h

- Faites cuire 1 h 30 à feu doux la **poule** et les **légumes** avec 3 l d'eau. Faites cuire le **riz** 20 min dans 1 l de bouillon de cuisson.
- Faites fondre le **beurre**, ajoutez la **farine**, mélangez puis versez ½ l de **bouillon** de cuisson et la **crème** en fouettant. Laissez cuire 10 min, salez, poivrez. Dégustez la **poule** avec les **légumes** et le **riz**, le tout nappé de sauce.

POULE AU POT

Poule
x 1

Poireau
x 1

Navets
x 4

Bouquets garnis
x 3

Carottes
x 4

Sel, poivre

Préparation : 10 min
Cuisson : 2 h

• Placez la **poule** dans une grande cocotte, ajoutez tous les **légumes** lavés et épluchés, les **bouquets garnis**. Versez de l'eau 5 cm au-dessus des ingrédients, salez, poivrez.

• Couvrez et laissez mijoter 2 h à feu doux.

• Dégustez le bouillon puis la **poule** avec les **légumes**.

CONFIT DE CANARD

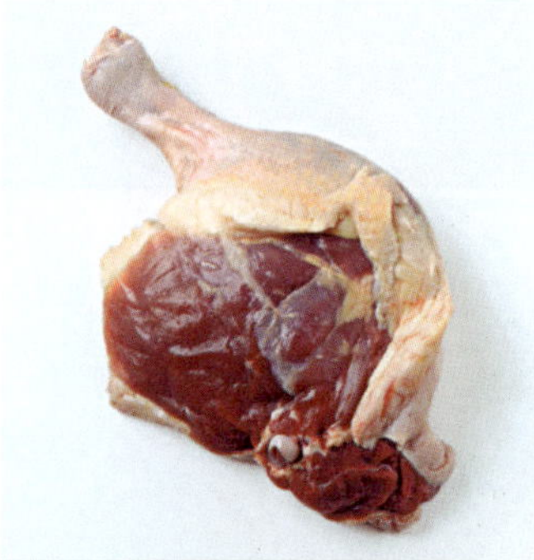

Cuisses de canard
x 4

Gros sel gris
500 g

Graisse de canard
2 boîtes (1,4 kg au total)

Préparation : 5 min
Cuisson : 2 h
Salage : 12 h

- Recouvrez les **cuisses de canard** avec le **sel** et réservez-les 12 h au frais.
- Faites fondre la **graisse de canard** dans une cocotte. Sortez les cuisses du **sel**, essuyez-les et plongez-les dans la **graisse**. Laissez cuire 2 h à feu très doux.
- Dégustez le confit doré à la poêle ou au four.

CANARD AUX NAVETS ET AUX OLIVES

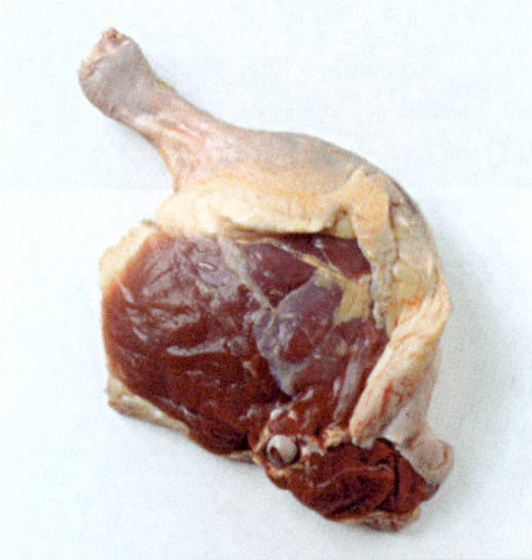

Cuisses de canard
x 4

Tapenade
2 cuil. à soupe

Navets boule d'or
x 10

Sel, poivre

Préparation : 10 min
Cuisson : 2 h

- Épluchez et coupez les **navets** en morceaux.
- Mettez les **cuisses de canard** et les **navets** dans une cocotte avec 1 l d'eau et faites cuire 2 h à feu doux et à couvert.
- Ajoutez la **tapenade**, salez, poivrez, mélangez et dégustez.

CANARD AU GINGEMBRE ET CAROTTES

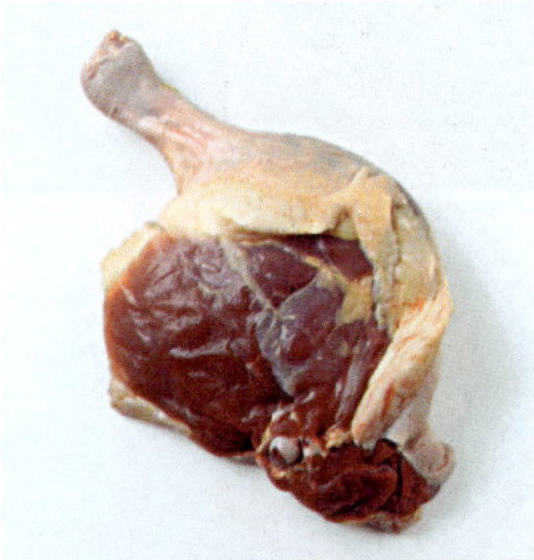

Cuisses de canard
x 4

Carottes
x 8 (grosses)

Gingembre
80 g

Estragon
1 botte

Sel, poivre

Préparation : 10 min
Cuisson : 1 h 30

- Épluchez et émincez le **gingembre**. Épluchez et coupez les **carottes** en rondelles.
- Placez les **cuisses de canard**, les **carottes** et le **gingembre** dans une cocotte en fonte. Ajoutez 1,5 l d'eau, salez, poivrez et laissez cuire à partir de l'ébullition 1 h 30 à feu doux et à couvert.
- Ajoutez les feuilles d'**estragon** et dégustez avec des pommes de terre à l'eau.

CUISSES DE CANARD À L'ORANGE

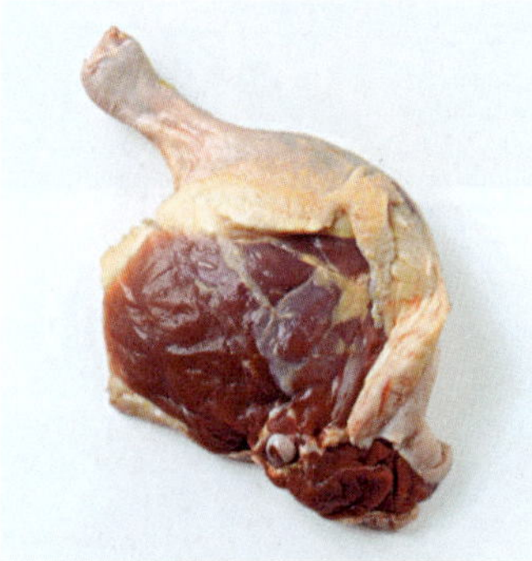

Cuisses de canard
x 4

Sauge
12 feuilles

Oranges
x 3 (bio)

Miel liquide
2 cuil. à soupe

Sauce soja
8 cuil. à soupe

Pommes de terre
x 8 (moyennes)

Sel, poivre

1 filet d'huile d'olive

Préparation : 10 min
Cuisson : 1h

- Préchauffez le four à 180°C.
- Répartissez les **cuisses de canard** et les **pommes de terre** coupées en frites dans un plat à four. Posez 1 rondelle d'**orange** sur chaque **cuisse**, pressez les autres. Ajoutez la **sauce soja**, le **miel**, le jus des **oranges**, les feuilles de **sauge** et 2 verres d'eau (20 cl), salez, poivrez. Enfournez 1h et dégustez avec 1 filet d'**huile d'olive**.

CUISSES DE CANARD AUX NAVETS ET RADIS

Estragon
1 botte

Navets nouveaux
x 12 (petits)

Radis roses
x 12

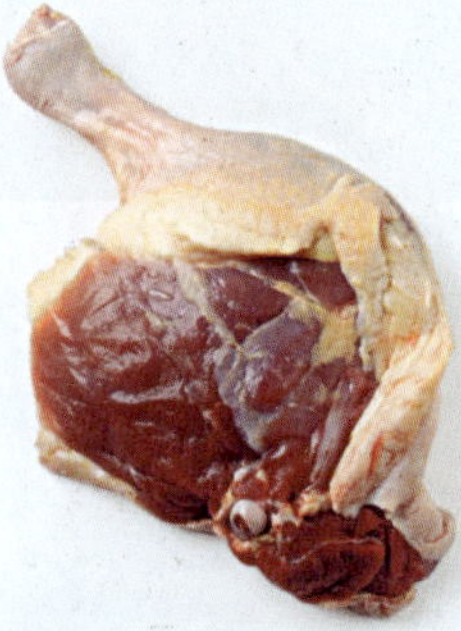

Cuisses de canard
x 4

Sel, poivre

2 cuil. à soupe d'huile d'olive

Préparation : 10 min
Cuisson : 1 h 05

• Lavez et effeuillez l'**estragon**. Lavez, épluchez et équeutez les **navets** et les **radis**.

• Chauffez 2 cuil. à soupe d'**huile d'olive** dans une cocotte, colorez les **cuisses de canard** 5 min puis ajoutez les **navets** et les **radis**.

• Versez 30 cl d'eau, couvrez et laissez cuire 1 h à feu doux. Ajoutez l'**estragon**, le sel et le poivre, mélangez et dégustez.

PINTADE, CROÛTONS À L'OLIVE

Pintade
x 1

Tomates
x 4

Pain de campagne
2 tranches

Bouquets garnis
x 3

Tapenade
3 cuil. à soupe

Sel, poivre

Préparation : 5 min
Cuisson : 1h

- Préchauffez le four à 180°C.
- Étalez la **tapenade** sur les tranches de **pain** coupées en 2 et disposez-les dans un plat à four.
- Posez la **pintade** et répartissez autour les **tomates** coupées en 2 et les **bouquets garnis**. Salez, poivrez.
- Enfournez 1h et dégustez.

PINTADE AUX CHOUX DE BRUXELLES

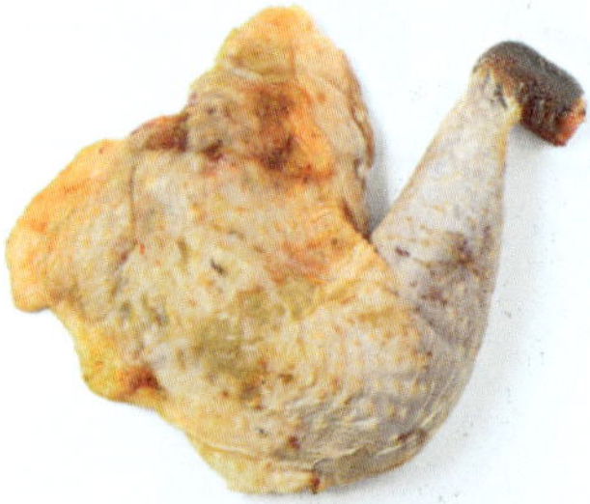

Pintade
4 cuisses

Jambon cru
4 tranches (fines)

Choux de Bruxelles
700 g

Thym
5 brins

Poivre

Préparation : 5 min
Cuisson : 45 min

- Enveloppez chaque cuisse de **pintade** avec une tranche de **jambon cru**.
- Mettez-les dans une cocotte en fonte avec les **choux de Bruxelles**, le **thym** et 60 cl d'eau.
- Faites cuire à couvert 45 min à feu doux à partir de l'ébullition. Poivrez et dégustez.

LAPIN AUX AROMATES

Lapin
x 1 (en morceaux)

Tomates
x 2

Pommes de terre
800 g (grosses)

Oignons doux
x 2

Romarin
4 brins

Vin blanc
1 bouteille (75 cl)

Sel, poivre

: 4 à 5

Préparation : 10 min
Cuisson : 1h

- Préchauffez le four à 200°C.
- Lavez et découpez les **pommes de terre** en fines lamelles et les **tomates** en quartiers. Mettez-les avec les morceaux de **lapin** et les **oignons** émincés dans un grand plat à four. Ajoutez le **romarin**, le **vin blanc** et 30 cl d'eau.
- Salez, poivrez et enfournez 1 h.

GIBELOTTE DE LAPIN

Lapin
x 1 (en morceaux)

Vin blanc
1 bouteille (75 cl)

Persil plat
1 botte

Champignons de Paris
500 g

Lardons
250 g

Farine
2 cuil. à soupe

Sel, poivre

2 cuil. à soupe d'huile neutre

Préparation : 10 min
Cuisson : 1 h 30

- Faites colorer les morceaux de **lapin**, les **champignons** coupés en morceaux et les **lardons** dans une cocotte avec 2 cuil. à soupe d'**huile**.
- Versez la **farine**, mélangez, ajoutez le **vin blanc** et laissez mijoter 1 h 30 à couvert.
- Ajoutez le **persil** coupé aux ciseaux, salez, poivrez et dégustez.

LAPIN À LA MOUTARDE

Lapin
x 1 (en morceaux)

Moutarde forte
5 cuil. à soupe

Thym séché
2 cuil. à soupe

Vin blanc
50 cl

Ail
6 gousses

Sel, poivre

3 cuil. à soupe d'huile neutre

Préparation : 10 min
Cuisson : 1h

- Préchauffez le four à 180°C.
- Mélangez la **moutarde**, l'**ail** haché, le **thym** et 3 cuil. à soupe d'**huile**, salez, poivrez. Posez le **lapin** dans un plat et badigeonnez-le avec la préparation. Mélangez le reste avec le **vin** et versez-la au fond du plat.
- Enfournez 1 h en arrosant de temps en temps avec le jus de cuisson et dégustez.

LAPIN À LA NORMANDE

Lapin
x 1 (en morceaux)

Crème fraîche
50 cl

Lardons
250 g

Cidre brut
1 bouteille (75 cl)

Pommes
x 2

Beurre
50 g

Sel, poivre

1 cuil. à soupe d'huile neutre

Préparation : 10 min
Cuisson : 1 h 10

- Faites saisir les morceaux de **lapin** et les **lardons** avec 1 cuil. à soupe d'**huile** dans une cocotte. Ajoutez le **cidre** et la **crème** et laissez mijoter 1 h à feu doux et à couvert. Salez, poivrez.
- Épluchez et découpez les **pommes** en quartiers. Faites-les colorer à la poêle avec le **beurre**.
- Ajoutez-les dans la cocotte et dégustez.

LAPIN À LA PROVENÇALE

Lapin
x 1 (en morceaux)

Concassé de tomates
1 grosse boîte (800 g)

Olives noires
100 g (à la grecque)

Ail
10 gousses (non épluchées)

Origan séché
2 cuil. à soupe

Préparation : 5 min
Cuisson : 1h

- Mettez tous les **ingrédients** dans une cocotte en fonte avec 30 cl d'eau. Faites cuire à couvert 1h à feu doux à partir de l'ébullition.
- Dégustez avec des pâtes.

COMPOTE DE LIÈVRE

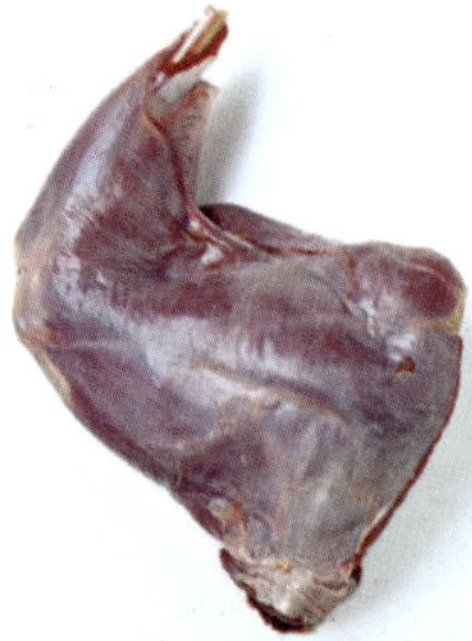

Cuisses de lièvre
x 4 (ou 1 lièvre entier)

Bouquets garnis
x 2

Lardons
250 g

Crème liquide
25 cl

Vin rouge
1 bouteille (75 cl)

Sel, poivre

2 cuil. à soupe d'huile neutre

: 4 à 5

Préparation : 5 min
Cuisson : 3 h 30

- Faites colorer le **lièvre** et les **lardons** dans une cocotte avec 2 cuil. à soupe d'**huile**.
- Ajoutez le vin, 10 cl d'eau et les **bouquets garnis**, couvrez et laissez mijoter 3 h à feu doux.
- Égouttez le **lièvre**, effilochez la chair et remettez-la dans le jus de cuisson. Versez la **crème** et faites cuire encore 30 min.
- Salez, poivrez et dégustez.

PIGEONS AUX PETITS POIS

Pigeons
x 2

Petits pois
600 g (frais ou surgelés)

Lardons
250 g

Bouquets garnis
x 2

Oignons doux
x 2

Sel, poivre

4 cuil. à soupe d'huile neutre

Préparation : 10 min
Cuisson : 45 min

• Faites saisir et colorer sur toutes les faces les **pigeons** avec 4 cuil. à soupe d'**huile** dans une cocotte. Ajoutez les **lardons** et les **oignons** épluchés et émincés. Laissez cuire 20 min à feu doux et à couvert. Ajoutez les **petits pois**, les **bouquets garnis**, 2 verres d'eau (20 cl) et faites cuire 25 min de plus toujours à couvert.

• Salez, poivrez, mélangez et dégustez.

BOURGUIGNON DE CAILLES

Cailles
x 4

Bouquets garnis
x 4

Vin rouge
1 l

Porto rouge
50 cl

Oignon rouge
x 1

Sel, poivre

2 cuil. à soupe d'huile neutre

Préparation : 5 min
Cuisson : 1 h

- Faites saisir les **cailles** dans une cocotte avec 2 cuil. à soupe d'**huile**. Ajoutez le **vin rouge**, le **porto**, l'**oignon rouge** coupé en morceaux et les **bouquets garnis**.
- Salez et poivrez. Laissez cuire 1 h à feu doux, sans couvercle et en remuant de temps en temps.

TÊTE DE VEAU SAUCE GRIBICHE

Tête de veau roulée
x 1 (environ 1 kg)

Légumes variés
(4 carottes, 1 poireau, 8 pommes de terre)

Vinaigre de vin
2 cuil. à soupe

Œufs
x 2

Câpres
2 cuil. à soupe

Ciboulette
2 bottes

Sel, poivre

5 cl d'huile neutre

: 4 à 5

Préparation : 10 min
Cuisson : 2 h

• Faites cuire à feu doux 2 h dans une cocotte la **tête de veau**, le **poireau** et les **carottes**. Ajoutez les **pommes de terre** à mi-cuisson.

• Ébouillantez les **œufs** 10 min, épluchez-les, écrasez-les et mélangez-les avec la **ciboulette** ciselée, les **câpres**, le **vinaigre** et 5 cl d'**huile**, salez et poivrez. Dégustez bien chaud avec les **légumes** et la sauce.

OSSO BUCCO AUX TOMATES ET ORANGES

Oranges
x 4 (bio)

Osso bucco
x 8

Romarin
2 brins

Concassé de tomates
1 grosse boîte (800 g)

Sel, poivre

4 cuil. à soupe d'huile d'olive

Préparation : 15 min
Cuisson : 1 h 30

- Râpez les zestes des **oranges**, pressez leur jus.
- Chauffez 4 cuil. à soupe d'**huile d'olive** dans une cocotte, colorez les **osso bucco** des 2 côtés, ajoutez le jus des **oranges**, les zestes, le **romarin** et le **concassé de tomates**.
- Salez, poivrez et laissez mijoter 1 h 30 à feu très doux. Servez directement dans la cocotte et dégustez avec des pâtes fraîches.

BLANQUETTE AUX ASPERGES

Sauté de veau
1,2 kg (en morceaux)

Bouillon de volaille
50 cl

Asperges vertes
x 4 (grosses)

Champignons de Paris
200 g

Crème fraîche
33 cl

Farine
2 cuil. à soupe

Sel, poivre

Préparation : 15 min
Cuisson : 1 h 15

- Mettez à cuire le **veau**, 1 h dans le **bouillon** à feu doux. Épluchez et coupez les **asperges** en morceaux, émincez les **champignons**. Égouttez la viande. Mélangez la **crème** avec la **farine** et fouettez dans le **bouillon** chaud.
- Ajoutez les **asperges** et les **champignons** et faites cuire 10 min de plus en remuant. Remettez la viande dans la sauce, salez, et poivrez.

VEAU À LA CORSE

Sauté de veau
1,2 kg

Olives vertes
160 g (dénoyautées)

Vin rouge
1 bouteille (75 cl)

Bouquets garnis
x 2

Coulis de tomates
50 cl

Ail
1 tête

Sel, poivre

4 cuil. à soupe d'huile neutre

Préparation : 5 min
Cuisson : 2 h 05

- Faites colorer le **veau** dans une cocotte avec 4 cuil. à soupe d'**huile**. Ajoutez l'**ail** entier, les **bouquets garnis**, le **coulis de tomates**, les **olives** et le **vin**. Laissez mijoter 2 h à couvert à feu très doux en remuant de temps en temps.
- Salez, poivrez et dégustez.

CASSOULET

Viandes pour cassoulet
2 kg (cuisses de canard, échine, saucisse, poitrine)

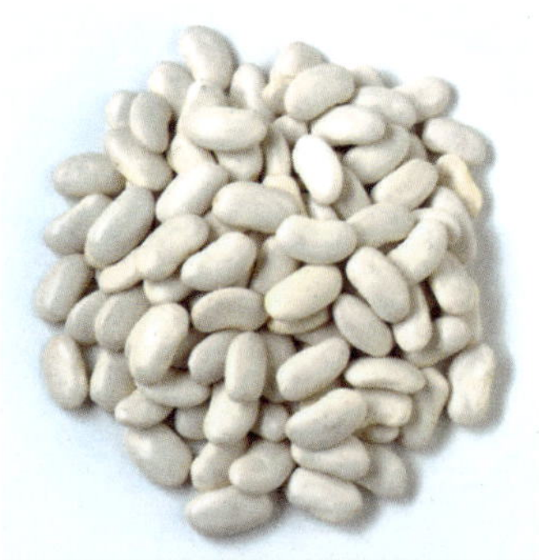

Haricots blancs secs
400 g (tarbais)

Bouillon de volaille
3,5 l

Oignon doux
x 1

Graisse de canard
3 cuil. à soupe

Ail
3 gousses

Sel, poivre

: 6 à 8

Préparation : 20 min
Cuisson : 3 h 25
Trempage : 12 h

- La veille mettez les **haricots secs** à tremper.
- Préchauffez le four à 180°C. Ébouillantez les **haricots** 20 min. Faites colorer dans la **graisse**, l'**oignon** et l'**ail** émincés, l'**échine**, la **poitrine** et la **saucisse** en morceaux. Versez dans un plat avec les **haricots** et le **bouillon**. Enfournez 2 h en remuant dès qu'une croûte se forme. Ajoutez le **canard**, refaites cuire 1 h. Salez et poivrez.

RÔTI DE PORC AU LAIT

Rôti de porc
x 1 (dans le filet, 1 kg)

Lait
1 l

Oignons doux
x 2

Pommes de terre
x 4 (grosses)

Bouquets garnis
x 3

Sel, poivre

2 cuil. à soupe d'huile neutre

Préparation : 10 min
Cuisson : 50 min

- Préchauffez le four à 180°C.
- Faites colorer le **rôti** sur toutes les faces 5 min à la poêle avec 2 cuil. à soupe d'**huile**.
- Épluchez et découpez les **pommes de terre** en rondelles et mettez-les dans une cocotte avec le **rôti**, les **bouquets garnis**, les **oignons** émincés et le **lait**. Salez, poivrez et enfournez 45 min sans couvercle.

PORC AU CARAMEL AU CITRON

Échine de porc
600 g

Citron
x 1 (bio)

Sauce soja
8 cuil. à soupe

Sucre en poudre
1 cuil. à soupe

Préparation : 10 min
Cuisson : 1h

- Préchauffez le four à 180°C.
- Coupez le **porc** en cubes. Zestez le **citron** en fines lanières.
- Mélangez le **porc**, le jus du **citron**, les zestes, le **sucre**, la **sauce soja** et 10 cl d'eau dans un plat à four. Enfournez 1 h et arrosez de temps en temps avec le jus de cuisson (rajoutez un peu d'eau si cela réduit trop).

PETIT SALÉ AUX LENTILLES

Porc demi-sel
2 kg (travers, poitrine)

Lentilles vertes
500 g

Bouillon de volaille
2 l

Bouquets garnis
x 2

Poivre

: 4 à 6

Préparation : 5 min
Cuisson : 2 h 10
Dessalage : 2 h

- Placez la **viande** coupée en morceaux dans de l'eau froide 2 h en changeant l'eau toutes les 30 min.
- Mettez la **viande** dans une cocotte avec les **bouquets garnis** et le **bouillon**.
- Faites cuire à couvert 1 h 15 à feu doux à partir de l'ébullition. Ajoutez les **lentilles** et refaites cuire à couvert 45 min à feu doux. Poivrez et dégustez.

CHOUCROUTE GARNIE

Viandes pour choucroute
3 kg (palette, jambon, poitrine, saucisses fumées & Strasbourg)

Choucroute crue
1,2 kg

Laurier
4 feuilles

Baies de genièvre
x 25

Bière blonde
1 l

Pommes de terre
x 8 (moyennes ou 4 grosses)

Sel, poivre

: 6 à 8

Préparation : 15 min
Cuisson : 1 h

- Placez la **choucroute**, le **genièvre**, le **laurier**, les **saucisses fumées**, la **poitrine** et la **palette** dans une cocotte. Versez la **bière** et 20 cl d'eau. Faites cuire 45 min à feu doux et à couvert. Faites cuire les **pommes de terre** 20 min à l'eau bouillante salée et faites chauffer les **saucisses** 2 min dans l'eau de cuisson.
- Dressez sur un plat et dégustez.

POTÉE AU CHOU ROUGE

Chou rouge
x ½

Lard fumé
2 tranches (épaisses)

Bouquets garnis
x 3

Saucisse de Morteau
x 1

Pommes de terre
x 4 (moyennes)

Sel, poivre

Préparation : 10 min
Cuisson : 1 h 25 min

- Mettez le **chou** émincé grossièrement dans une grande cocotte avec la **Morteau** coupée en morceaux, les tranches de **lard** coupées en 2, les **bouquets garnis** et 1,2 l d'eau. Salez, poivrez et faites cuire à couvert 1 h à feu doux.
- Ajoutez les **pommes de terre** épluchées et coupées en morceaux. Faites cuire 25 min de plus et servez.

POTÉE AUVERGNATE

Porc demi-sel
2 kg (poitrine, palette, jarret)

Navets
x 5

Chou vert frisé
x 1

Carottes
x 4

Bouquets garnis
x 3

Saucisses fumées
x 2

Poivre

: 6 à 8

Préparation : 10 min
Dessalage : 12 h
Cuisson : 2h

• La veille, mettez la **viande** à dessaler en changeant l'eau régulièrement.

• Placez la **viande** et les **bouquets garnis** dans une cocotte, versez de l'eau à hauteur et laissez mijoter 1 h à feu doux. Ajoutez les **saucisses**, le **chou** coupé en morceaux, les **carottes** et les **navets** épluchés, refaites cuire 1 h, poivrez et dégustez avec des pommes de terre à l'eau.

CHOUCROUTE À LA SAUCISSE

Saucisses de Toulouse
x 2 (grosses)

Choucroute cuite
800 g

Lard fumé
2 tranches (épaisses)

Graines de cumin
4 cuil. à soupe

Vin blanc
½ bouteille (37,5 cl)

Préparation : 5 min
Cuisson : 45 min

• Mettez tous les **ingrédients** dans une cocotte en fonte. Faites cuire à couvert 45 min à feu doux, en remuant de temps en temps.

HARICOTS À LA CORSE

Gros haricots blancs secs
250 g (Soissons)

Figatellu
x 1

Bouquets garnis
x 3

Concassé de tomates
1 grosse boîte (800 g)

Ail
6 gousses

Sel, poivre

: 4 à 6

Préparation : 5 min
Cuisson : 1 h 30
Trempage : 12 h

- La veille, faites tremper les **haricots secs**.
- Mettez les **haricots** dans une cocotte, ajoutez le **figatellu** coupé en morceaux, les gousses d'**ail** entières, le **concassé de tomates**, les **bouquets garnis** et 80 cl d'eau.
- Faites mijoter 1 h 30 à feu doux sans couvrir en remuant de temps en temps.
- Salez, poivrez et dégustez.

CHOU FARCI

Chou vert frisé
x 1 (moyen)

Chair à saucisse
800 g

Beurre
100 g

Ail
2 gousses

Thym séché
2 cuil. à soupe

Sel, poivre

: 4 à 5

Préparation : 15 min
Cuisson : 1 h 20

- Ébouillantez le **chou** entier 20 min, égouttez-le et laissez-le refroidir.
- Préchauffez le four à 180°C.
- Répartissez la **chair à saucisse** préalablement mélangée avec le **thym** et l'**ail** haché entre les feuilles de **chou**. Serrez-le bien et posez-le dans un plat à four. Salez, poivrez, ajoutez le **beurre** sur le dessus et 4 verres d'eau (40 cl). Enfournez 1 h.

TRIPES À LA MODE DE CAEN

Tripes blanchies
1 kg

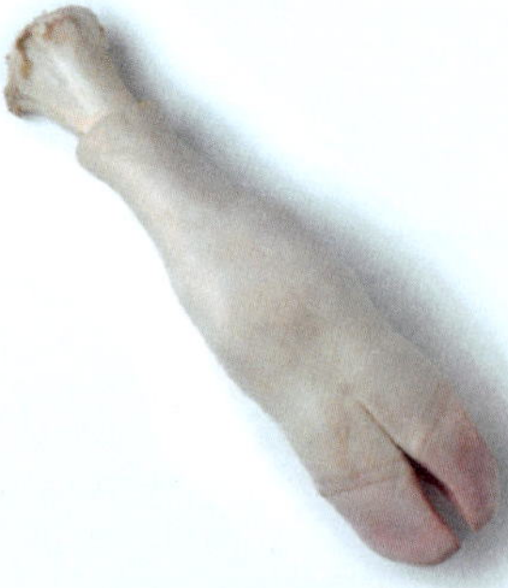

Pied de veau
x ½ (fendu en 2)

Carottes
x 3

Cidre brut
2 bouteilles (1,5 l au total)

Bouquets garnis
x 3

Sel, poivre

: 4 à 6

Préparation : 10 min
Cuisson : 2 h

- Faites mijoter 1 h à feu doux dans une cocotte les **tripes** découpées en morceaux, le **pied de veau**, le **cidre** et les **bouquets garnis**.
- Ajoutez les **carottes** épluchées et découpées en rondelles épaisses et faites cuire 1 h de plus à feu doux en remuant de temps en temps.
- Salez, poivrez et dégustez bien chaud avec des pommes de terre à l'eau.

SAUCISSON AU BEAUJOLAIS

Saucisson à cuire
x 1 (nature ou pistaché)

Vin rouge
1 bouteille (75 cl)

Beurre
30 g

Bouquet garni
x 1

Échalotes
x 4

Sel, poivre

Préparation : 5 min
Cuisson : 55 min

- Faites saisir les **échalotes** épluchées et émincées avec le **beurre** et le **bouquet garni** 10 min en remuant dans une cocotte.
- Ajoutez le **saucisson** et le **vin rouge**. À ébullition, baissez le feu et laissez mijoter 40 min à feu doux.
- Salez, poivrez et dégustez avec des pommes de terre à l'eau.

BAECKEOFFE

Viandes pour baeckeoffe
2 kg (épaule d'agneau, échine de porc, paleron de bœuf)

Oignons doux
x 3

Bouquets garnis
x 4

Vin blanc
1 bouteille (75 cl)

Pommes de terre
1,5 kg

Sel, poivre

: 6 à 8

Préparation : 15 min
Marinade : 12 h
Cuisson : 3 h

• Faites mariner les **viandes** coupées en gros cubes 12 h avec le **vin**, les **bouquets garnis** et les **oignons** émincés.

• Préchauffez le four à 170 °C.

• Mettez les **pommes de terre** épluchées et coupées en rondelles, la **viande** puis la marinade dans un plat à baeckeoffe (ou une cocotte). Salez, poivrez, mélangez, tassez, couvrez et enfournez 3 h.

COCHON DE LAIT AU FOUR

Cochon de lait
x 1 (environ 5-6 kg)

Pommes
x 5

Thym
1 bouquet

Ail
2 têtes

Sel, poivre

Préparation : 5 min
Cuisson : 3 h
: 10

- Préchauffez le four à 180°C.
- Mettez le **cochon** dans une lèchefrite. Salez, poivrez et enfournez 2 h. Ajoutez 50 cl d'eau progressivement tout au long de la cuisson.
- Ajoutez les **pommes**, le **thym** et les gousses d'**ail** entières avec la peau et enfournez 1 h de plus.
- Dégustez avec les gousses d'**ail** écrasées dans le jus de cuisson.

CROZIFLETTE

Crozets
400 g

Crème liquide
50 cl

Reblochon
x 1

Lardons
250 g

Oignons doux
x 2

Sel, poivre

1 cuil. à soupe d'huile neutre

Préparation : 10 min
Cuisson : 35 min

- Préchauffez le four à 200°C.
- Faites colorer les **oignons** émincés et les **lardons** dans une poêle 5 min avec 1 cuil. à soupe d'**huile**.
- Ébouillantez les **crozets** 15 min, égouttez-les et versez-les dans un plat. Ajoutez les **oignons**, les **lardons**, le **reblochon** en tranches, la **crème** et enfournez 15 min. Salez et poivrez.

CANNELLONIS AU BROCCIU

Cannellonis
x 20

Blettes
1 botte

Brocciu (ou brousse)
500 g

Menthe
1 botte

Concassé de tomates
1 grosse boîte (800 g)

Sel, poivre

1 filet d'huile d'olive

Préparation : 15 min
Cuisson : 35 min

- Préchauffez le four à 180°C.
- Ébouillantez les **blettes** coupées en morceaux 20 min. Hachez-les et mélangez-les avec le **brocciu** et la **menthe** coupée aux ciseaux.
- Garnissez les **cannellonis** avec cette préparation, placez-les dans un plat à four avec le **concassé de tomates**. Salez, poivrez, enfournez 35 min et dégustez avec 1 filet d'**huile d'olive**.

TARTIFLETTE

Pommes de terre
1 kg (grosses)

Crème liquide
25 cl

Reblochon
x 1

Oignons doux
x 2

Lardons
250 g (gros)

Beurre
50 g

Sel, poivre

: 4 à 5

Préparation : 10 min
Cuisson : 55 min

- Préchauffez le four à 180°C.
- Faites colorer les **lardons** et les **oignons** épluchés et émincés avec le **beurre**.
- Ébouillantez les **pommes de terre** 20 min, coupez-les en tranches et disposez-les dans un plat. Ajoutez les **lardons**, les **oignons**, le **reblochon** coupé en tranches avec la peau et la **crème**. Salez, poivrez et enfournez 30 min.

DAURADE EN CROÛTE DE SEL AUX HERBES

Romarin
4 brins (grands)

Thym
10 brins

Persil plat
½ botte

Gros sel gris
600 g

Daurade
x 1 (1,5 kg, vidée)

1 filet d'huile d'olive

Préparation : 10 min
Cuisson : 30 min

- Préchauffez le four à 170 °C. Effeuillez les **herbes** et mixez-les avec le **gros sel**.
- Posez les **daurades** sur une plaque, couvrez-les d'une couche épaisse de **sel** et enfournez-les 30 min.
- Cassez la croûte de **sel**, retirez la peau et levez les filets. Dégustez avec 1 filet d'huile d'olive.

LOTTE AU CIDRE ET AU JAMBON

Champignons de Paris
300 g

Queue de lotte
800 g (épluchée)

Jambon cru
4 tranches (fines)

Beurre
50 g

Cidre brut
25 cl

Crème fraîche
25 cl

Sel, poivre

Préparation : 15 min
Cuisson : 30 min

- Lavez et émincez les **champignons**. Lardez la **lotte** avec le **jambon** et ficelez.
- Chauffez le **beurre** dans une cocotte, saisissez la **lotte** et les **champignons**, laissez roussir puis égouttez la **lotte** sur une assiette.
- Versez le **cidre**, faites réduire aux ¾, ajoutez la **crème** et laissez cuire 5 min à feu vif.
- Ajoutez la **lotte**, laissez cuire 20 min de plus.

GRATIN DE COURGETTES ET HADDOCK

Courgettes
x 3

Haddock
400 g (sans peau)

Basilic
20 feuilles

Parmesan en copeaux
200 g

Huile d'olive
4 cuil. à soupe

Préparation : 10 min
Cuisson : 45 min

- Préchauffez le four à 170°C. Lavez et équeutez les **courgettes**, taillez-les en lamelles fines dans le sens de la longueur, à l'aide d'un économe.
- Découpez le **haddock** en tranches fines. Lavez et hachez le **basilic**.
- Superposez les **courgettes**, le **parmesan**, le **haddock**, le **basilic** et l'**huile d'olive** dans un plat à gratin. Enfournez 45 min et dégustez.

FRICASSÉE D'ENCORNETS AU BASILIC

Ail
2 gousses

Encornets
800 g (épluchés et vidés)

Vin blanc
1 verre (15 cl)

Concassé de tomates
1 petite boîte (400 g)

Basilic
20 feuilles

Sel, poivre

4 cuil. à soupe d'huile d'olive

Préparation : 10 min
Cuisson : 45 min

- Épluchez et hachez l'**ail**. Chauffez 4 cuil. à soupe d'**huile d'olive** dans une cocotte, saisissez les **encornets** et l'**ail**.
- Laissez roussir 5 min, versez le **vin blanc**, faites réduire et ajoutez les **tomates**.
- Salez, poivrez et laissez mijoter 40 min à feu doux.
- Ajoutez les feuilles de **basilic**, mélangez.

POULPE EN COCOTTE

Oignons rouges x 2	**Poulpe** 1,2 kg	**Vin rouge** 1 bouteille (75 cl)

Concassé de tomates 1 grosse boîte (800 g)	**Bouquet garni** x 1

Sel, poivre

4 cuil. à soupe d'huile d'olive

: 5

Préparation : 10 min
Cuisson : 1h

• Épluchez et émincez les **oignons**.
• Chauffez 4 cuil. à soupe d'**huile d'olive** dans une cocotte, saisissez les **oignons** et le **poulpe** découpé en morceaux, versez le **vin**, ajoutez le **concassé de tomates** et le **bouquet garni**.
• Laissez mijoter 1 h à feu doux en remuant. Dégustez bien chaud accompagné de pâtes fraîches.

BOURGUIGNON DE JOUES DE LOTTE

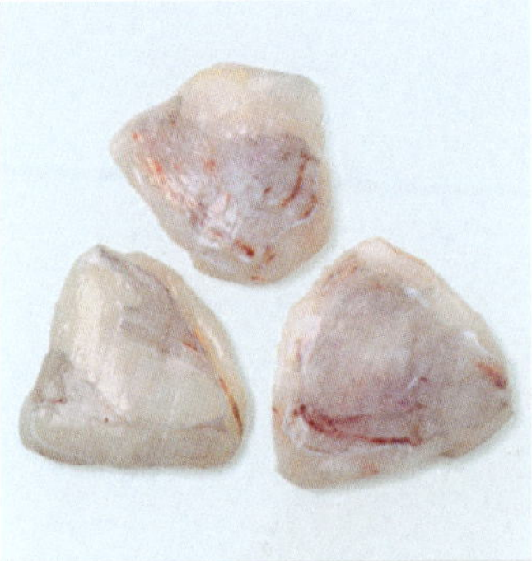

Joues de lotte
500 g

Vin rouge
1 bouteille (75 cl)

Bouquets garnis
x 2

Lardons
180 g

Farine
1 cuil. à soupe

Sel, poivre

1 cuil. à soupe d'huile neutre

Préparation : 5 min
Cuisson : 45 min

• Faites revenir les **joues de lotte** et les **lardons** dans une cocotte avec 1 cuil. à soupe d'**huile**.

• Ajoutez la **farine**, le **vin rouge** et les **bouquets garnis**.

• Laissez cuire 45 min à feu doux sans couvrir. Salez, poivrez et dégustez.

DAURADE À LA TOMATE

Daurade x 1 (900 g)	**Tomates** 1 kg (multicolores)	**Ail** 3 gousses

Thym 1 botte (petite)	**Huile d'olive** 15 cl

Sel, poivre

Préparation : 5 min
Infusion : 30 min
Cuisson : 30 min

- Mettez dans une casserole le **thym**, l'**ail** coupé avec la peau et l'**huile d'olive**. Faites cuire 5 min à feu doux et laissez infuser 30 min.
- Préchauffez le four à 200°C.
- Coupez les **tomates** en rondelles et disposez-les au fond d'un plat. Posez la **daurade**, salez, poivrez, nappez avec l'**huile** à l'**ail** et enfournez 25 min. Servez dans le plat.

COUSCOUS DE POULPE

Poulpe
x 1 (préparé et coupé)

Carottes
x 2

Pois chiches
60 g (en boîte)

Navets
x 3

Ras-el-hanout
1 cuil. à soupe

Céleri-branche
2 branches

Préparation : 10 min
Cuisson : 1 h

- Mettez le **poulpe**, le **céleri** en morceaux, les **carottes** et les **navets** épluchés et coupés en morceaux, le **ras-el-hanout** et les **pois chiches** dans une cocotte. Versez de l'eau à hauteur et faites mijoter 1 h à feu doux à couvert.
- Dégustez avec de la semoule.

GRAND AÏOLI

Légumes variés
1,5 kg (carottes, chou-fleur, courgettes, haricot coco, radis)

Ail
6 gousses

Huile d'olive
20 cl

Morue salée
2 filets (1,4 kg au total)

Œufs
x 5 (4 + 1 jaune)

Sel, poivre

: 6 à 8

Préparation : 15 min
Dessalage : 12 h
Cuisson : 30 min

- Mettez la **morue** à dessaler 12 h dans de l'eau.
- Faites cuire les **légumes** à la vapeur, ébouillantez 4 **œufs** 10 min. Préparez les **radis**.
- Écrasez les gousses d'**ail** dans un mortier, ajoutez le jaune d'**œuf**, salez, poivrez et versez l'**huile d'olive** petit à petit en fouettant.
- Pochez la **morue** 10 min et dégustez avec l'aïoli, les **œufs** durs et les **légumes**.

BOURRIDE DE LOTTE

Poissons pour bourride
(1l de moules, 1 lotte,
8 crevettes crues entières)

Huile d'olive
10 cl

Œuf
x 1 (le jaune uniquement)

Ail
6 gousses

Poireau
x 1

Vin blanc
25 cl

Sel, poivre

Préparation : 15 min
Cuisson : 30 min

• Faites saisir le **poireau** émincé dans une cocotte avec 2 cuil. à soupe d'**huile d'olive.**

• Ajoutez le **poisson**, les **crustacés** et le **vin**. Laissez cuire 20 min. Écrasez l'**ail** dans un mortier, ajoutez le jaune **d'œuf**, salez, poivrez et versez le reste de l'**huile d'olive** petit à petit en fouettant. Mélangez le bouillon de cuisson avec l'aïoli, versez sur les **poissons** et dégustez.

BOUILLASSOU À LA CATALANE

Soupe de poissons
1 bocal (75 cl)

Queue de lotte
x 1 (préparée)

Piment d'Espelette
1 cuil. à soupe (en poudre)

Moules
1 l (grosses)

Pommes de terre
x 4 (grosses)

Gambas
x 8 (crues)

Sel, poivre

: 4 à 6

Préparation : 15 min
Cuisson : 45 min

• Préchauffez le four à 180°C.

• Ébouillantez 25 min les **pommes de terre** épluchées. Coupez-les en rondelles épaisses et mettez-les dans un plat avec la **lotte** coupée en tranches, les **gambas**, les **moules**.

• Versez la **soupe**, salez, poivrez et saupoudrez de **piment d'Espelette**.

• Enfournez 45 min et dégustez bien chaud.

THON BASQUAISE

Thon rouge
1 tranche (épaisse, 800 g)

Ail
1 tête

Poivrons
x 6 (multicolores)

Tomates
x 4 (grosses)

Laurier
4 feuilles

Sel, poivre

4 cuil. à soupe d'huile d'olive

Préparation : 15 min
Cuisson : 50 min

- Préchauffez le four à 180°C.
- Faites revenir dans une poêle les **poivrons** émincés, les **tomates** en morceaux et les gousses d'**ail** entières avec 4 cuil.à soupe d'**huile d'olive**. Salez, poivrez et laissez cuire 20 min en remuant.
- Versez le contenu de la poêle dans un plat à four et déposez le **thon** et le **laurier**.
- Enfournez 25 min et dégustez.

TRUITES AU COURT-BOUILLON

Truites
x 4 (vidées)

Vin blanc
1 bouteille (75 cl)

Carottes
x 2

Oignons doux
x 2

Bouquets garnis
x 2

Beurre
100 g

Sel, poivre

Préparation : 10 min
Cuisson : 50 min

• Préchauffez le four à 180°C.

• Faites cuire 30 min les **carottes** et les **oignons** émincés, le **vin**, 20 cl d'eau et les **bouquets garnis**. Versez sur les **truites** posées dans un plat et enfournez 10 min.

• Faites réduire aux ¾ 2 louches de jus de cuisson. Hors du feu, ajoutez le **beurre** petit à petit en fouettant, salez, poivrez et dégustez.

BRANDADE DE MORUE

Morue salée
900 g

Pommes de terre
1 kg

Lait
1 l

Huile d'olive
10 cl

Ail
4 gousses

Poivre

Préparation : 10 min
Dessalage : 12 h
Cuisson : 1 h

- Mettez la **morue** à dessaler 12 h dans de l'eau.
- Faites cuire les **pommes de terre** et l'**ail** épluché dans le **lait** 30 min. Ajoutez la **morue**, faites cuire 10 min de plus. Égouttez puis écrasez tous les **ingrédients** au presse-purée, poivrez, ajoutez l'**huile d'olive** et mélangez.
- Préchauffez le four à 180°C. Faites gratiner la brandade 20 min et dégustez.

BOUILLABAISSE SIMPLISSIME

Poissons à bouillabaisse
1,5 kg (vidés et écaillés)

Rouille
1 pot

Pommes de terre
x 5 (grosses)

Soupe de poissons
1 bocal (75 cl)

Sel, poivre

: 4 à 6

Préparation : 10 min
Cuisson : 45 min

- Préchauffez le four à 180°C.
- Faites cuire les **pommes de terre** épluchées 20 min à l'eau bouillante salée. Découpez-les en rondelles épaisses et mettez-les dans un grand plat à gratin. Ajoutez les **poissons** entiers et la **soupe de poissons** mélangée avec 50 cl d'eau. Salez, poivrez et enfournez 25 min.
- Dégustez bien chaud avec la **rouille**.

SARDINES FARCIES

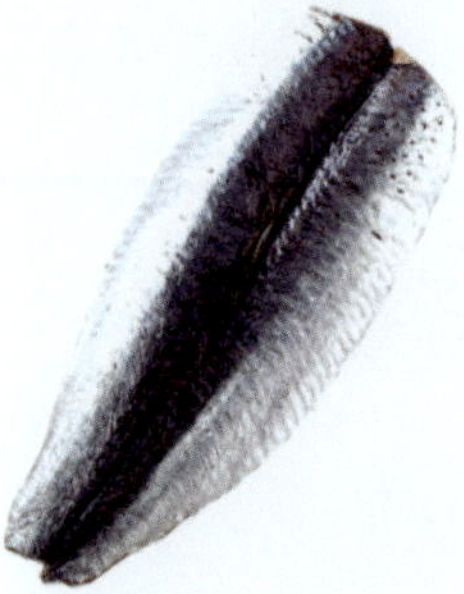

Filets de sardine
x 16 (frais ou surgelés)

Blettes
½ botte

Coulis de tomates
25 cl

Œuf
x 1

Brocciu (ou brousse)
500 g

Sel, poivre

Préparation : 15 min
Cuisson : 1 h 20

- Préchauffez le four à 180°C.
- Ébouillantez les **blettes** en morceaux 20 min, égouttez-les, hachez-les et mélangez-les avec le **brocciu** et l'**œuf**. Salez, poivrez.
- Versez le **coulis de tomates** dans un plat à gratin. Farcissez les **sardines** avec la farce aux **blettes** et déposez-les sur le **coulis de tomates**. Enfournez 1 h et dégustez.

COTRIADE

Poissons variés
1,5 kg (poissons et moules)

Vin blanc
½ bouteille (37,5 cl)

Poireau
x 1

Beurre
50 g

Bouquets garnis
x 2

Pommes de terre
x 4 (moyennes)

Sel, poivre

: 4 à 6

Préparation : 15 min
Cuisson : 45 min

• Faites saisir 5 min le **poireau** lavé et émincé avec le **beurre** dans une cocotte. Ajoutez les **pommes de terre** épluchées et coupées en morceaux, le **vin blanc**, 30 cl d'eau, les **bouquets garnis** et les **poissons** à chair ferme. Laissez cuire 30 min à couvert.

• Ajoutez le reste des **poissons** et les **moules** et faites cuire 10 min de plus sans remuer.

MORUE À LA PROVENÇALE

Morue salée
900 g

Concassé de tomates
1 grosse boîte (800 g)

Bouquets garnis
x 2

Olives noires
100 g (à la grecque)

Ail
6 gousses

Poivre

4 cuil. à soupe d'huile d'olive

Préparation : 5 min
Dessalage : 12 h
Cuisson : 26 min

- Mettez la **morue** à dessaler 12 h dans de l'eau.
- Préchauffez le four à 180°C.
- Faites saisir 1 min l'**ail** épluché et émincé dans une poêle avec l'**huile d'olive**, ajoutez le **concassé de tomates**, les **bouquets garnis** et les **olives**. Laissez cuire 5 min.
- Placez la **morue** et la sauce dans un plat à four et enfournez 20 min. Poivrez et dégustez.

CALAMARS FARCIS À LA NAPOLITAINE

Calamars
x 8 (1,6 kg, frais et vidés)

Chair à saucisse
250 g

Œuf
x 1

Thym
3 brins

Coulis de tomates
50 cl

Vin blanc
25 cl

Sel, poivre

Préparation : 10 min
Cuisson : 1h

• Préchauffez le four à 170°C. Coupez les tentacu et mélangez-les avec la **chair à saucisse**, l'**œuf** et le **thym**. Salez, poivrez et malaxez.

• Farcissez les **calamars** et fermez-les avec une pique en bois.

• Posez-les dans un plat à four, recouvrez de **coulis de tomates** et de **vin blanc** puis enfournez 1 h en arrosant de temps en temps.

PAËLLA DE COQUILLETTES À L'ENCRE

Calamars avec l'encre
x 8 (nettoyés et vidés)

Coquillettes
350 g

Bouquets garnis
x 2

Ail semoule
2 cuil. à café

Bouillon de volaille
50 cl

Sel, poivre

: 4 à 5

Préparation : 5 min
Cuisson : 45 min

- Préchauffez le four à 200°C.
- Mélangez les **coquillettes**, le **bouillon**, l'**ail semoule**, les **bouquets garnis** et les **encornets** coupés en gros morceaux dans un plat à four. Salez, poivrez.
- Enfournez 45 min et dégustez bien chaud.

LOTTE AUX CHOUX DE BRUXELLES

Queue de lotte
x 1 (environ 1,2 kg, sans peau)

Poitrine fumée
12 tranches (fines)

Choux de Bruxelles
700 g

Bouquets garnis
x 2

Huile d'olive
2 cuil. à soupe

Sel, poivre

: 4 à 5

Préparation : 10 min
Cuisson : 40 min

- Préchauffez le four à 200°C.
- Coupez les **choux de Bruxelles** en 2.
- Enveloppez la **queue de lotte** avec les tranches de **poitrine fumée**. Disposez la **lotte** etles **choux de Bruxelles** dans un plat à four.
- Ajoutez les **bouquets garnis** et l'**huile d'olive**. Salez, poivrez.
- Enfournez 40 min et dégustez.

TABLE DES MATIÈRES

INDEX DES RECETTES

J.-F. Mallet
SIMPLISSIME
100 RECETTES
100%
VEGGIE
hachette

J.-F. Mallet
SIMPLISSIME
100 RECETTES
UNE SOUPE
ET AU LIT
hachette

J.-F. Mallet
SIMPLISSIME
100 RECETTES
OBJECTIF
MINCEUR
hachette

J.-F. Mallet
SIMPLISSIME
100 RECETTES
1 PLAT
ET C'EST TOUT !
hachette

J.-F. Mallet
SIMPLISSIME
100 RECETTES
RECETTES
FRAÎCHEUR
POUR GROSSES
CHALEURS
hachette

J.-F. Mallet
SIMPLISSIME
100 RECETTES
PETITS
BARBECUES
ENTRE AMIS
hachette

J.-F. Mallet
SIMPLISSIME
100 RECETTES
RECETTES
VENUES
D'AILLEURS
hachette

J.-F. Mallet
SIMPLISSIME
100 RECETTES
RECETTES
LÉGÈRES,
LÉGÈRES
hachette

J.-F. Mallet
SIMPLISSIME
100 RECETTES
SPÉCIAL
PETIT BUDGET
hachette

J.-F. Mallet
SIMPLISSIME
100 RECETTES
QUICHES
ET CAKES,
À TOMBER
hachette

J.-F. Mallet
SIMPLISSIME
100 RECETTES
CE SOIR, C'EST
VEGGIE

J.-F. Mallet
SIMPLISSIME
100 RECETTES
DÎNERS
APRÈS LE BOULO
hachette

J.-F. Mallet
SIMPLISSIME
100 RECETTES
SALADES
POUR LES
GOURMAND(E)S
hachette

J.-F. Mallet
SIMPLISSIME
100 RECETTES
SPÉCIAL
ÉTUDIANTS
FAUCHÉS ET
MAL ÉQUIPÉS
hachette

SIMPLISSIME

LA COLLECTION DE LIVRES DE CUISINE QUI VA CHANGER VOTRE VIE

58, rue Jean Bleuzen – 92178 Vanves Cedex

Pour l'éditeur, le principe est d'utiliser des papiers composés de fibres naturelles, renouvelables, recyclables et fabriqués à partir de bois issus de forêts qui adoptent un système d'aménagement durable. En outre, l'éditeur attend de ses fournisseurs de papier qu'ils s'inscrivent dans une démarche de certification environnementale reconnue.

Direction : Catherine Saunier-Talec
Directrice éditoriale : Céline Le Lamer
Conception graphique des pages intérieures : Marie-Paule Jaulme
Conception graphique de la couverture : Nicolas Gallois
Exécution graphique de la couverture : SKGD-Création
Mise en pages : SKGD-Création
Photogravure : Nord Compo
Fabrication : Amélie Latsch
Responsable partenariats : Dana Lichiardopol (dlichiardopol@hachette-livre.fr)

Dépôt légal : janvier 2022
8659038/01
ISBN : 9782019462406
Imprimé en Espagne par Estella Graficas en octobre 2020
www.hachette-pratique.com

PAPIER À BASE DE FIBRES CERTIFIÉES
1,04 kg q. CO_2
Rendez-vous sur www.hachette-durable.fr